01/06

RUEDAS Y EJES

por *Sally M. Walker y Roseann Feldmann*
fotografías de Andy King

Para Sally Walker y Eileen Palsgrove, que convirtieron en realidad mis sueños —RF

*La editorial agradece al programa Minneapolis Kids por su ayuda
en la preparación de este libro.*

Fotografías adicionales reproducidas con la autorización de: © *Dan Mahoney/Independent Picture
Service, págs. 27, 46;* © *Jim McDonald/Corbis, pág. 34;* © *Corbis Royalty Free, págs. 40, 42.*

Traducción al español: copyright © 2006 por ediciones Lerner
Título original: *Wheels and Axles*
Texto: copyright © 2002 por Sally M. Walker y Roseann Feldmann
Fotografías: copyright © 2002 por Andy King, excepto donde se especifique lo contrario

La edición en español fue realizada por un equipo de traductores nativos de español de
translations.com, empresa mundial dedicada a la traducción.

ediciones Lerner
Una división de Lerner Publishing Group
241 First Avenue North
Minneapolis, MN 55401 EUA

Dirección de Internet: www.lernerbooks.com

Library of Congress Cataloging-in-Publication Data

Walker, Sally M.
    [Wheels and axles. Spanish]
    Ruedas y ejes / por Sally M. Walker y Roseann Feldmann ; fotografías de Andy King.
       p. cm. — (Libros de física para madrugadores)
    Includes index.
    ISBN-13: 978–0–8225–2982–8 (lib. bdg. : alk. paper)
    ISBN-10: 0–8225–2982–3 (lib. bdg. : alk. paper)
    1. Wheels—Juvenile literature. 2. Axles—Juvenile literature. I. Feldmann, Roseann. II. King,
Andy. III. Title.
TJ181.5.W3618 2006
621.8—dc22   2005007902

Fabricado en los Estados Unidos de América
1 2 3 4 5 6 – JR – 11 10 09 08 07 06

CONTENIDO

DETECTIVE DE PALABRAS

¿Puedes encontrar estas palabras mientras lees sobre ruedas y ejes? Conviértete en detective y trata de averiguar qué significan. Si necesitas ayuda, puedes consultar el glosario de la página 46.

eje
engranaje
fricción
fuerza

máquinas complejas
máquinas simples
rueda
trabajo

¡Jugar al fútbol es trabajo! ¿Qué significa la palabra "trabajo" para los científicos?

Capítulo 1

TRABAJO

Trabajas todos los días. En casa, una de tus tareas puede ser pintar. En la escuela, trabajas cuando le sacas punta a un lápiz.

Trabajas cuando comes un bocadillo y cuando corres en clase de educación física. ¡Comer y jugar también son trabajo!

6

Cuando los científicos usan la palabra "trabajo", no se refieren a lo opuesto de "juego". Trabajar es aplicar una fuerza para mover un objeto. Fuerza es tirar o empujar. Aplicas una fuerza para hacer tareas, jugar y comer.

Cuando pones periódicos en el recipiente de reciclaje, haces trabajo.

Siempre que aplicas una fuerza para mover un objeto a otro lugar, haces un trabajo. Puede ser que el objeto se mueva cientos de pies o sólo un poco.

Andar en bicicleta es un trabajo. Tu fuerza hace que los pedales giren. Esto hace que avances.

Aplicas una fuerza cuando empujas a alguien en el columpio.

Estos niños empujan con fuerza el edificio de la escuela, pero no están haciendo trabajo.

Empujar el edificio de la escuela no es trabajo. No es trabajo así transpires. No importa cuánto te hayas esforzado, no has hecho ningún trabajo. El edificio no se movió. ¡Si el edificio se mueve, entonces sí es trabajo!

Un tren tiene muchas partes móviles. ¿Cómo se llaman las máquinas que tienen muchas partes móviles?

Capítulo 2

MÁQUINAS

La mayoría de las personas quieren que el trabajo se realice fácil. Las máquinas son herramientas que facilitan el trabajo. Algunas también hacen que sea más rápido.

Algunas máquinas tienen muchas partes móviles y se conocen como máquinas complejas. Los trenes y los automóviles son máquinas complejas.

10

Algunas máquinas tienen pocas partes móviles y se conocen como máquinas simples. Hay máquinas simples en todas las casas, escuelas y patios de juegos. Son tan simples que la mayoría de la gente no se da cuenta de que son máquinas.

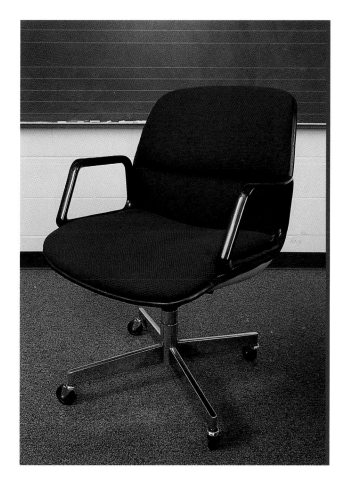

Las ruedas de esta silla son máquinas simples.

Es fácil deslizar un libro sobre la mesa. ¿Qué puedes hacer para que sea todavía más fácil?

Capítulo 3

FRICCIÓN

Pon un libro sobre la mesa. Empújalo. Es fácil hacer que se deslice unas cuantas pulgadas. Sin embargo, puedes lograr que sea aun más fácil.

12

Necesitarás el libro, un lápiz redondo, una pajilla, una hoja de papel y un carrete.

Coloca el lápiz redondo bajo el libro. Empújalo de nuevo. Un pequeño empujón hace que el libro se mueva con facilidad. El lápiz facilitó el trabajo. Lo usaste como máquina simple.

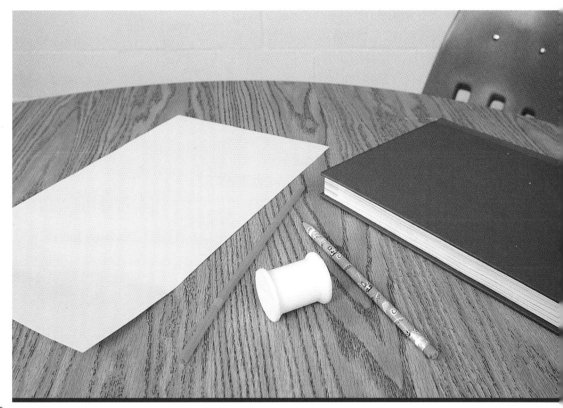

Para experimentar cómo facilitar el trabajo necesitarás estos objetos.

Es más fácil empujar el libro si hay un lápiz debajo.

Es fácil empujar el libro sobre la mesa. Sin embargo, es todavía más fácil empujarlo si hay un lápiz debajo. Esto se debe a que hay fricción entre el libro y la mesa. La fricción es una fuerza que hace que los objetos en movimiento se frenen o detengan. Cuando el libro está sobre la mesa sin el lápiz, toda la tapa toca la mesa. El libro se desliza sólo si la fuerza que lo empuja es mayor que la fricción que lo detiene.

Mira el libro con el lápiz debajo. El lápiz levanta la tapa del libro. Sólo un borde toca la mesa. Por lo tanto, casi no hay fricción entre el libro y la mesa. Por eso no tienes que empujar con tanta fuerza. Sin embargo, todavía hay fricción. ¿Dónde crees que está?

El lápiz levanta casi todo el libro. Por lo tanto, hay muy poca fricción entre el libro y la mesa.

Quita el libro del lápiz. Observa el lápiz.
Parte de éste toca la mesa. Hay fricción donde
la mesa y el lápiz se tocan. Esto se puede
comprobar.

Hay fricción donde la mesa y
el lápiz se tocan.

La fricción hace que el lápiz deje de rodar.

Coloca la hoja sobre la mesa. Pon el lápiz en un extremo del papel y empújalo. ¿Qué sucede? Rueda, pero luego se detiene. La fricción hace que el lápiz se detenga. Inténtalo de nuevo con la pajilla. La pajilla también rueda hasta que la fricción lo detiene.

🪐 *Dibuja una línea delante de la pajilla.*

Supongamos que no hay fricción entre la pajilla y la mesa. En este caso, la pajilla nunca dejaría de rodar. ¿Cómo se puede reducir la fricción entre la mesa y la pajilla?

Pon la pajilla en un extremo del papel. Dibuja una línea justo delante de la pajilla. Luego haz rodar la pajilla de nuevo. Cuando se detenga, levántala. Pon el lápiz donde estaba la pajilla para marcar la línea de llegada.

Pon el lápiz en el lugar de la pajilla
para marcar la línea de llegada.

Inserta la pajilla en el carrete.

Puedes reducir la fricción entre la pajilla y la
mesa. Inserta la pajilla en el carrete. Ahora
sólo los bordes del carrete tocan la mesa.
Comienza en la línea que habías dibujado
delante de la pajilla. Empuja el carrete y la

pajilla. Trata de usar la misma fuerza que antes. ¿Qué sucede? El carrete y la pajilla ruedan más lejos juntos que sólo la pajilla.

El carrete y la pajilla ruedan con fuerza suficiente para empujar el lápiz.

Cuando el carrete y la pajilla están juntos, forman una máquina simple. ¿Cómo se llama esta máquina?

Capítulo 4

PARTES DE LA RUEDA Y EL EJE

Al colocar el carrete en la pajilla, construyes una máquina simple. Se llama rueda y eje. El eje atraviesa el centro de la rueda. El carrete es la rueda. La pajilla es el eje. La pajilla atraviesa el centro del carrete.

22

A veces se usan ruedas que giran sobre un eje. Sostén la pajilla para que no gire y empuja el carrete. El carrete gira alrededor de la pajilla.

Intenta dibujar una línea alrededor del carrete.

Esto te ayudará a ver cómo gira.

Para el siguiente experimento necesitarás un carrete, un libro, una pajilla y un lápiz grueso.

A veces se usan ruedas y ejes que giran juntos. Saca el carrete de la pajilla. Coloca el carrete en el lápiz grueso. No importa si el carrete sólo entra en

la punta afilada del lápiz. Esta vez, el lápiz es el
eje. El eje está ajustado al centro de la rueda. No
puedes girar la rueda sin que el eje gire.

El carrete debe quedar bien ajustado en el lápiz.
Si el lápiz es muy delgado, envuélvelo con cinta
adhesiva para que sea más grueso.

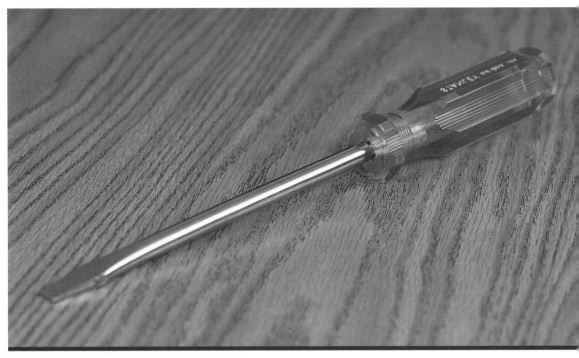

🐾 *Un destornillador es una rueda con eje.*
El mango es la rueda y el vástago es el eje.

Observa la rueda y eje hechos con el carrete y el
lápiz. Parece un destornillador. El destornillador
es una rueda con eje. El mango grueso y el
delgado vástago metálico giran juntos para apretar
un tornillo.

La manija de la puerta es también una rueda y
eje. La manija es la rueda. El eje no se puede ver

porque está dentro de la puerta. La manija de la puerta y el eje giran juntos. Cuando giras la manija, ésta mueve otras piezas dentro de la puerta. Cuando esas piezas se mueven, la puerta se abre.

Los grifos son ruedas. Cuando los giras, otras piezas dentro del grifo se mueven. Luego sale el agua.

Cada vez que giras un destornillador o la manija de una puerta, el eje gira. La parte exterior del mango recorre una distancia mucho mayor que el eje. Puedes comprobarlo.

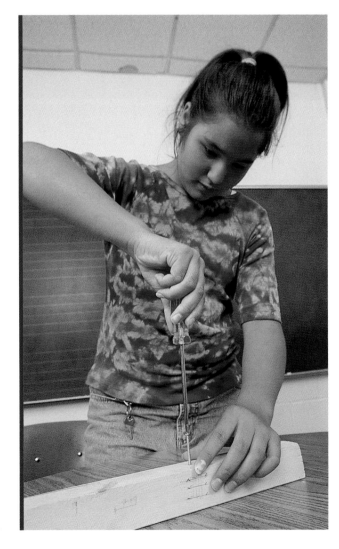

Cuando giras un destornillador, también giras el eje.

Haz rodar el carrete lentamente hasta que el punto toque de nuevo el papel.

Saca el lápiz del carrete. Marca un punto en el borde del carrete. Luego marca un punto en la hoja de papel. Alinea ambos puntos. Haz rodar el carrete lentamente hasta que el punto toque de nuevo el papel. Marca otro punto en el papel. La distancia entre ambos puntos del papel es igual a un giro completo del carrete. En un giro, la rueda recorre una gran distancia.

Ahora marca un punto en el costado del lápiz. Alinéalo con el primer punto del papel. Rueda el lápiz lentamente hasta que el punto toque de nuevo el papel. Marca otro punto en el.

Marca un punto en el costado del lápiz.

Puedes usar tiza, un bolígrafo o un marcador.

Punto de partida

Un giro del lápiz recorre una distancia menor que un giro del carrete.

Puedes ver que un giro del lápiz recorre una distancia menor que un giro del carrete. Recuerda: el lápiz es el eje y el carrete es la rueda. Entonces, un giro del eje es más corto que un giro de la rueda.

Es más fácil girar una rueda grande que un eje pequeño. Por lo tanto, el trabajo es más fácil. Puedes comprobarlo.

*Trata de girar el eje en lugar de la rueda. Para hacer
el trabajo de esta manera se necesita más fuerza.*

Consigue un destornillador. Pide a un adulto que
busque un tornillo que puedas girar. Sujeta el
destornillador por el delgado vástago. Intenta sacar
el tornillo. Es difícil. Debes usar mucha fuerza.

Inténtalo de nuevo, pero esta vez sujeta el destornillador por el mango. Probablemente sea fácil girar el tornillo. Giras la rueda una distancia mayor que al girar el eje, pero no necesitas tanta fuerza. Esto facilita el trabajo.

Es más fácil girar la rueda una gran distancia que girar el eje una distancia corta.

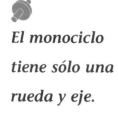

El monociclo tiene sólo una rueda y eje.

   A veces, lo único que necesitas para hacer un trabajo es una rueda y un eje. Un monociclo tiene una rueda y eje. Es divertido andar en monociclo, pero es difícil mantener el equilibrio. El ciclista se puede caer fácilmente.

   A veces, es útil agregar más ruedas y ejes. Con dos ruedas es más fácil mantener el equilibrio. Sin embargo, sigue siendo difícil aprender a andar en

una bicicleta con dos ruedas. Si dejas de moverte,
la bicicleta se cae.

Andar en triciclo es fácil. Tiene dos ruedas
traseras que comparten un eje. También tiene una
rueda con eje en la parte delantera. Las tres
ruedas hacen que el triciclo se mantenga estable.

Es muy fácil andar en un carro. El carro tiene
dos ejes y cuatro ruedas. Las cuatro ruedas hacen
que el carro se mantenga muy estable. Es difícil
hacer que el carro se vuelque.

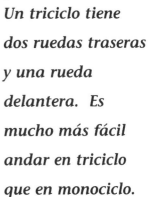

Un triciclo tiene dos ruedas traseras y una rueda delantera. Es mucho más fácil andar en triciclo que en monociclo.

Algunas ruedas son lisas. Otras tienen dientes. ¿Cómo se llaman las ruedas con dientes?

Capítulo 5

ENGRANAJES

Hay ruedas y ejes de muchos tamaños y formas. Unas ruedas son grandes, otras son pequeñas. Algunos ejes son largos, otros son cortos. Los distintos tipos de ruedas y ejes se usan para trabajos diferentes.

Algunas ruedas tienen dientes. Los dientes son protuberancias en el borde de la rueda. Las ruedas con dientes se llaman engranajes.

Los engranajes trabajan en conjunto. Los dientes de uno encajan entre los dientes del otro. Cuando uno gira, sus dientes empujan los dientes del otro. Así, el otro engranaje también gira.

Ésta es una batidora. La manivela está unida al engranaje grande del centro. En la parte superior de cada pala hay un engranaje pequeño. Los dientes de los tres engranajes encajan. Al girar la manivela, el engranaje grande gira. Esto hace que también giren los engranajes pequeños y las palas giran rápidamente.

¿Qué crees que pasará al girar el engranaje rojo?

Al girar el engranaje rojo, el engranaje azul también girará. Sin embargo, el azul lo hará en sentido opuesto al del engranaje rojo.

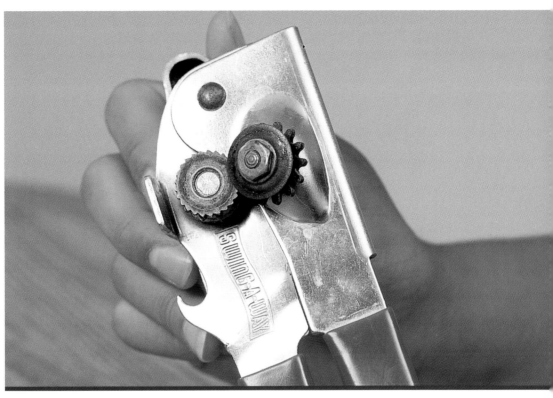

Cuando giras la manivela de un abrelatas,
los engranajes giran en sentidos opuestos.

Observa un abrelatas. Oprime los mangos.
Observa cómo encajan los dientes de un engranaje
en los espacios entre los dientes del otro engranaje.
La perilla está unida a uno de los engranajes.
Gírala. Esta acción mueve ambos engranajes, pero
lo hacen en sentidos opuestos.

A veces los engranajes trabajan juntos aunque no se toquen. Observa el engranaje grande cerca de los pedales de la bicicleta. Está lejos del engranaje pequeño de la rueda trasera, pero hay una cadena que pasa por ambos. Los dientes de los engranajes se enganchan en los eslabones de la cadena. La cadena conecta los engranajes.

Una bicicleta tiene un engranaje grande cerca de los pedales y uno pequeño en la rueda trasera.

Los pedales giran el engranaje grande. Éste hace girar la cadena. Ésta, a su vez, hace girar el engranaje pequeño. Entonces gira la rueda trasera.

El pedal de la bicicleta es una manivela grande. Hace girar el engranaje grande. Cuando éste gira, la cadena también lo hace. Los eslabones de la cadena se enganchan en los dientes del engranaje pequeño. Cuando la cadena se mueve, hace girar el engranaje pequeño. Cuando éste gira, también lo hace la rueda trasera de la bicicleta. ¡Tal vez gire lo suficientemente rápido para que ganes una carrera!

Ahora sabes cómo funcionan los engranajes de estas bicicletas.

Has aprendido mucho sobre ruedas y ejes. Usar una rueda te da una ventaja. Una ventaja es una mejor oportunidad de realizar tu trabajo. Usar una

rueda y eje es casi como tener un ayudante. Esto
significa que tendrás tiempo para hacer más
trabajo . . . ¡como ir a patinar!

¡Las ruedas y ejes
facilitan el trabajo!

SOBRE COMPARTIR UN LIBRO

Al compartir un libro con un niño, le demuestra que leer es importante. Para aprovechar al máximo la experiencia, lean en un lugar cómodo y silencioso. Apaguen el televisor y eviten otras distracciones, como el teléfono. Estén preparados para comenzar lentamente. Túrnense para leer distintas partes del libro. Deténganse de vez en cuando para hablar de lo que están leyendo. Hablen sobre las fotografías. Si el niño comienza a perder interés, dejen de leer. Cuando retomen el libro, repasen las partes que ya han leído.

Detective de palabras
La lista de palabras de la página 5 contiene palabras que son importantes para entender el tema de este libro. Conviértanse en detectives de palabras y búsquenlas mientras leen juntos el libro. Hablen sobre el significado de las palabras y cómo se usan en la oración. ¿Alguna de estas palabras tiene más de un significado? Las palabras están definidas en un glosario en la página 46.

¿Qué tal unas preguntas?
Use preguntas para asegurarse de que el niño entienda la información de este libro. He aquí son algunas sugerencias:

> ¿Qué nos dice este párrafo? ¿Qué muestra la imagen? ¿Qué crees que aprenderemos ahora? ¿Qué es una fuerza? ¿Cuál es la diferencia entre las máquinas simples y las complejas? ¿Qué clase de fuerza frena o detiene los objetos en movimiento? ¿Puedes mencionar algunas máquinas de tu casa que tengan ruedas y ejes? ¿Cómo funcionan los engranajes? ¿Cuál es tu parte favorita del libro? ¿Por qué?

Si el niño tiene preguntas, no dude en responder con otras preguntas, tales como: ¿Qué crees? ¿Por qué? ¿Qué es lo que no sabes? Si el niño no recuerda algunos hechos, consulten el índice.

Presentación del índice
El índice ayuda a los lectores a encontrar información sin tener que revisar todo el libro. Consulte el índice de la página 47. Elija una entrada, por ejemplo *engranaje*, y pídale al niño que use el índice para averiguar cómo funcionan los engranajes. Repita este proceso con todas las entradas que desee. Pídale al niño que señale las diferencias entre un índice y un glosario. (El índice ayuda a los lectores a encontrar información, mientras que el glosario explica el significado de las palabras.)

MÁQUINAS SIMPLES

Libros

Baker, Wendy y Andrew Haslam. *Machines.* **Nueva York: Two-Can Publishing Ltd., 1993.** Este libro ofrece muchas actividades educativas y divertidas para explorar las máquinas simples.

Burnie, David. *Machines: How They Work.* **Nueva York: Dorling Kindersley, 1994.** Comenzando por descripciones de máquinas simples, Burnie explora las máquinas complejas y cómo funcionan.

Hodge, Deborah. *Simple Machines.* **Toronto: Kids Can Press Ltd.: 1998.** Esta colección de experimentos muestra a los lectores cómo construir sus propias máquinas simples con artículos domésticos.

Van Cleave, Janice. *Janice Van Cleave's Machines: Mind-boggling Experiments You Can Turn into Science Fair Projects.* **Nueva York: John Wiley & Sons, Inc., 1993.** Van Cleave anima a los lectores a usar experimentos para explorar cómo las máquinas simples facilitan el trabajo.

Ward, Alan. *Machines at Work.* **Nueva York: Franklin Watts, 1993.** Este libro describe las máquinas simples y presenta el concepto de máquinas complejas. Contiene muchos experimentos útiles.

Sitios Web

Simple Machines
http://sln.fi.edu/qa97/spotlight3/spotlight3.html Este sitio presenta información breve sobre las seis máquinas simples, provee vínculos útiles relacionados con cada una de ellas e incluye experimentos para algunas.

Simple Machines—Basic Quiz
http://www.quia.com/tq/101964.html Este desafiante cuestionario interactivo permite a los nuevos físicos probar sus conocimientos sobre el trabajo y las máquinas simples.

GLOSARIO

eje: barra que atraviesa el centro de una rueda

engranaje: rueda con protuberancias alrededor del borde

fricción: fuerza producida cuando dos objetos se rozan

fuerza: tirar o empujar

máquinas complejas: máquinas que tienen muchas partes móviles

máquinas simples: máquinas que tienen pocas partes móviles

rueda: objeto redondo que gira sobre un eje

trabajo: mover un objeto de un lugar a otro

ÍNDICE

Acera de los autores

Sally M. Walker es autora de muchos libros para lectores jóvenes. Cuando no está investigando o escribiendo sus libros, la Sra. Walker trabaja como asesora de literatura infantil. Ha enseñado literatura infantil en la Universidad del Norte de Illinois y ha hecho presentaciones en muchas conferencias sobre lectura. Sally vive en Illinois con su esposo y sus dos hijos.

Roseann Feldmann obtuvo una licenciatura en biología, química y educación en la Universidad de St. Francis y una maestría en educación en la Universidad del Norte de Illinois. En el área de la educación, ha sido maestra, instructora universitaria, autora de planes de estudio y administradora. Actualmente vive en Illinois, con su esposo y sus dos hijos, en una casa rodeada por seis acres llenos de árboles.

Acerca del fotógrafo

Andy King, fotógrafo independiente, vive en St. Paul, Minnesota, con su esposa y su hija. Andy se ha desempeñado como fotógrafo editorial y ha completado varias obras para Lerner Publishing Group. También se ha realizado fotografía comercial. En su tiempo libre, juega al básquetbol, pasea en su bicicleta de montaña y toma fotografías de su hija.

CONVERSIONES MÉTRICAS

CUANDO ENCUENTRES:	MULTIPLICA POR:	PARA CALCULAR:
millas	1.609	kilómetros
pies	0.3048	metros
pulgadas	2.54	centímetros
galones	3.787	litros
toneladas	0.907	toneladas métricas
libras	0.454	kilogramos